# SUPPRESSION

## DE

# LA RÉGIE

### ET

## SON REMPLACEMENT

#### PAR QUATRE SÉRIES

# DE TIMBRES

QUI REMPLIRAIENT EXACTEMENT LE MÊME BUT
QUI ASSURERAIENT LA PERCEPTION DE L'IMPOT MIEUX QUE NE LE FAIT
LE SYSTÈME ACTUEL
SANS ABUS, SANS ARBITRAIRE, SANS FAVEURS ET SANS PRIVILÈGES

### PAR

## P. BRÉCHARD

**Prix : 20 Centimes**

EN VENTE

CHEZ L'AUTEUR, RUE SAINTE, 21, A MARSEILLE
DANS TOUTES LES LIBRAIRIES ET DANS LES KIOSQUES

1880

# SUPPRESSION

DE

# LA RÉGIE

## ET SON REMPLACEMENT

PAR

## QUATRE SÉRIES DE TIMBRES

La seule objection qui nous ait été faite sur la première édition de notre brochure, intitulée : *Suppression de la Régie*, est celle-ci : « Vous demandez, nous dit-on, la suppression de la Régie et que pensez-vous mettre à la place? Comment suppléerez-vous aux ressources qu'elle procure au trésor, car il ne suffit pas, lorsqu'un impôt est défectueux, de le supprimer, il faut auparavant trouver un équivalent pour combler le vide produit par cette suppression, et c'est là le plus difficile.»

D'un côté, agacé par ce refrain continuel et de l'autre, tous les systèmes proposés jusqu'à ce jour, ayant rencontré une résistance invincible, à défaut de pouvoir remplacer l'impôt, nous avons dû chercher à remplacer les instruments vicieux qui servent à en assurer la perception (c'est-à-dire la régie) et nous croyons y avoir réussi au-delà de nos espérances.

Voilà, du reste, le système que nous proposons. Il consiste : 1° à créer quatre séries de timbres, la première, que nous appellerons timbres de circulation ; la

deuxième, timbres de transmission ; la troisième, timbres
d'acquit, et enfin la quatrième, timbres de circulation
libérés. Les uns et les autres de ces timbres porteraient
le nom et l'adresse de celui auquel ils seraient délivrés,
ainsi que le nom du receveur et celui du bureau qui les
délivreraient ; ceux de circulation non libérés et ceux de
circulation libérés, destinés aux liquides en fût ou en
dames-jeannes, seraient endossés par le cédant et appli-
qués sur les vases au moment d'en faire l'expédition ;
ceux de transmission et ceux d'acquit le seraient le jour
de la remise au vendeur ou le jour de l'envoi par la
poste. Chacune de ces séries se composerait de timbres
correspondant aux droits, depuis 1 litre jusqu'à 10 hectolitres, afin que quel que fut le nombre d'hectolitres à
mettre en circulation dans un seul vase, un seul timbre
pût représenter les droits du nombre d'hectolitres qu'il
contiendrait. Pour les diverses fractions qui dépas-
seraient, on les représenterait par des timbres de 50,
25, 10 et un litre, ils seraient placés sur la bonde et sur
l'ouverture du robinet, afin qu'on ne puisse vider les
vases sans les briser ; la colle dont seraient enduits les
timbres devrait offrir assez de consistance pour qu'on ne
puisse pas les enlever en les mouillant, afin d'empêcher
que les mêmes ne puissent servir deux fois ou qu'ils ne
se perdent durant le trajet. Ces timbres devraient être
assez beaux de couleur et assez gracieux de forme pour
devenir un ornement sur les objets où on les appliquerait, au lieu des lourdes et disgracieuses vignettes qu'on
emploie actuellement.

A présent que nous avons établi nos quatre séries de
timbres, nous allons déterminer le rôle que chacune de
ces séries aurait à remplir. Afin d'en faciliter l'intelli-
gence au lecteur, nous allons prendre le liquide à sa
source, à la sortie de la cuve ou de l'alambic et nous
l'accompagnerons jusqu'au domicile du consommateur.

Ainsi, aussitôt que le propriétaire récoltant ou le fabricant aurait soutiré son vin de la cuve ou de l'alambic et qu'il l'aurait mis en fûts, il serait tenu de faire au bureau de sa section la déclaration exacte des quantités qu'il aurait récoltées ou fabriquées ; il lui serait donné acte de cette déclaration et les quantités mentionnées seraient prises en charge au compte du récoltant ou du fabricant qui, dès ce moment, serait responsable des droits représentés par ces mêmes quantités. Le receveur se contenterait de cette déclaration, il ne la contrôlerait pas, par conséquent il n'y aurait ni recensement, ni inventaire ; mais par contre, le déclarant ne pourrait sous peine d'une forte amende faire sortir de ses caves ou celliers aucune quantité de boissons sans être revêtues d'un des timbres énumérés ci-dessus, et comme il ne pourrait obtenir un plus grand nombre de timbres que celui correspondant à la quantité de boissons qu'il aurait déclarée, il serait obligé de faire ses déclarations exactes, sous peine de s'exposer à une amende importante en faisant circuler sans timbre les boissons qu'il n'aurait pas déclarées ; de sorte que la fraude ne serait guère possible que chez le propriétaire récoltant et chez le fabricant. C'est sur ceux-là qu'il faudrait concentrer la surveillance ; mais le peu d'importance des droits, joint à l'élévation des peines, suffirait pour empêcher les uns et les autres de se livrer à la fraude, parce que les droits seraient moins élevés d'abord de tout ce que les frais de perception coûtent par le système actuel et ensuite de tout ce que produirait l'impôt que nous proposons de mettre sur une infinité d'autres objets.

Voilà pour les prises en charge à la propriété et en fabrique. A présent, nous allons démontrer comment se feraient les expéditions et les prises en charge chez les marchands en gros.

Lorsque le propriétaire récoltant et le fabricant fe-

raient leur déclaration chez le percepteur, celui-ci leur
remettrait à crédit une quantité de timbres de circulation
correspondante aux droits représentés par les boissons
déclarées, et lorsque ceux-ci auraient des expéditions à
faire, ils appliqueraient sur chaque fût ou tout autre
vase une quantité de timbres de circulation équivalente
aux droits dûs par les boissons expédiées et de son côté,
le marchand en gros qui voudrait faire des achats, se
munirait, au bureau de sa section, de la quantité de
timbres de transmission qu'il jugerait à propos d'avoir
besoin. Ces timbres seraient délivrés à crédit à toute
personne cautionnée et après avoir pris livraison des
boissons, l'acheteur endosserait et daterait un nombre
suffisant de ces timbres, qu'il remettrait ou ferait re-
mettre à son vendeur ou les lui enverrait par la poste
dans un délai et sous des peines déterminées; à son tour,
ce dernier serait tenu de les faire parvenir au bureau
de sa section dans les 24 heures ; il lui serait remis en
échange un reçu portant décharge à son compte d'une
quantité de boissons égale à celle représentée par ces
timbres et par le seul fait de la remise des dits timbres
(endossés et signés par l'acheteur) entre les mains du
percepteur, la prise en charge au compte de ce dernier
se trouverait effectuée de droit.

Mais comme ce compte serait tenu par le bureau de
sa résidence, toutes ces charges devraient naturellement
être concentrées à ce bureau ; par conséquent, le receveur
qui aurait reçu ces timbres serait tenu de les adresser
dans les 24 heures au bureau de la section de l'endos-
seur. Lorsque le destinataire voudrait faire ses expéditions, il se procurerait des timbres de circulation au
bureau de sa section, qui lui en délivrerait à crédit une
quantité égale au nombre de timbres de transmission
inscrits à son débit.

Ceci fait, pour tous les liquides devant être transvasés

chez les intermédiaires, afin qu'on ne puisse faire plusieurs voyages avec les mêmes vases recouverts des mêmes timbres, on prescrirait, sous des peines suffisamment sévères, qu'aucun vase vide ne pourrait être mis en circulation avant d'avoir détruit complètement les timbres qui auraient servi à les accompagner pleins.

Ainsi, lorsque le destinataire aurait reçu ses boissons, il pourrait les couper et les mélanger à loisir, mais afin de ne pas s'exposer à oublier d'annuler les timbres, il devrait le faire à la réception ou tout au moins avant de les transvaser.

Lorsque lui-même voudrait les expédier, après avoir endossé un nombre de timbres de circulation correspondant à la quantité de boissons à expédier, il les appliquerait sur les colis et à son tour son acheteur lui remettrait un nombre égal de timbres de transmission avec lesquels il ferait décharger son compte et prendre en charge à celui de son acheteur; par ce seul fait la transmission des droits se trouverait effectuée comme elle l'aurait déjà été une première fois entre lui et son vendeur.

Par ce moyen, nous le répétons, la transmission des droits s'effectuerait d'une manière tout aussi régulière et tout aussi exacte qu'elle se fait aujourd'hui, et offrirait les mêmes garanties au fisc ; en effet, le receveur ne remettrait les timbres de transmission aux acheteurs qu'autant que ceux-ci seraient dans les conditions voulues pour les obtenir, de même qu'il ne déchargerait le compte de l'expéditeur que lorsqu'il aurait reçu lesdits timbres endossés, datés et signés par l'acheteur; tout se ferait donc de la manière la plus simple et la plus pratique, sans frais et sans dérangement, chacun pourrait le faire sans être obligé d'aller passer une heure et demie à deux heures, chaque fois, au bureau de la Régie.

On procèderait exactement de même pour toute mutation entre fabricant et marchand en gros et lorsqu'au lieu d'être entrepositaire l'acheteur serait un simple consommateur ou marchand non cautionné, ne pouvant en ce cas obtenir ni timbres de circulation ni timbres de transmission à crédit, il prendrait au bureau de sa section, contre payement, les timbres d'acquit nécessaires pour faire ses achats, timbres qu'il annulerait et remettrait à son vendeur, lequel les enverrait au bureau de sa section qui lui donnerait en échange un bulletin de décharge d'une quantité égale à celle représentée par les timbres qu'il aurait remis.

Ainsi à mesure que le fabricant, le producteur ou le marchand en gros feraient une livraison, ils recevraient de leurs acheteurs en remboursement des droits, un nombre égal de timbres de transmission endossés par l'acheteur, comme cela se pratique aujourd'hui pour les effets de commerce, chacun remettrait ces timbres au bureau de sa section contre un reçu ou l'inscription sur un carnet destiné à cet effet, et par cela même son compte se trouverait déchargé d'une quantité égale ; ensuite il serait fait défense à tout fabricant, à tout producteur et à tout négociant de recevoir le montant des droits en espèces, sous peine d'être privé du crédit des timbres, cela afin d'obliger l'acheteur de se pourvoir de timbres d'acquit et d'acquitter immédiatement les droits, tandis que s'il était autorisé à en verser le montant en espèces, le vendeur pourrait, ou négliger de le verser au trésor ou s'en servir pour ses propres affaires.

Le contrôle en serait facile, chacun étant obligé, pour faire décharger son compte, de verser au bureau autant de timbres de transmission ou de timbres d'acquit qu'il aurait employé de timbres de circulation.

Lorsque le débitant et le simple particulier voudraient déplacer leurs boissons, soient qu'ils les aient vendues ou qu'ils veuillent simplement les changer de domicile, ils se procureraient, moyennant un centime par décalitre de vin et un centime par litre de spiritueux, des timbres de circulation libérés, qu'ils annuleraient avant de les appliquer et avec lesquels ils pourraient opérer les déplacements qu'ils auraient à faire.

Le taux de l'impôt étant fixé à la propriété, on pourrait l'établir proportionnel à la valeur des boissons, c'est-à-dire, proportionnel à une valeur fixe, laquelle serait établie sur les prix moyens pratiqués durant les dix dernières années. On appliquerait une quotité de 4 à 5 pour cent sur cette valeur, ce qui donnerait pour les vins ordinaires et moyens 1 fr. 25 à 1 fr. 50 par hectolitre. Ce taux serait si peu rémunérateur pour les fraudeurs qu'ils ne pourraient s'exposer à une amende considérable, il n'y aurait que pour les vins d'un prix élevé, tel que les Bordeaux, les Bourgognes et les Champagnes, que les fraudeurs pourraient peut-être se laisser tenter par l'appât d'un gain un peu plus élevé, mais comme ces qualités de vins ne se consomment qu'en très-faible partie sur les lieux de production, ils ne conserveraient leur prestige et leur valeur réelle qu'autant qu'ils seraient revêtus du timbre d'origine, il s'en suit que la fraude, si toutefois il s'en faisait un peu, ne pourrait s'exercer que sur une échelle très restreinte. Du reste un faible taux de 5 pour cent ne ferait que 15 à 20 francs par hectolitre pour des vins de 3 à 5 francs la bouteille, ce qui ne serait pas assez pour tenter la fraude, surtout étant donné qu'il faut être souvent trois pour la faire, mais au moins toujours deux. De plus, les vins de grand crû étant, en majeure partie, entre les mains des gros propriétaires qui ne pourraient faire la fraude par eux-mêmes, elle serait donc, très difficile, pour ne pas dire impossible. Pour les Champagnes, elle ne serait pas à craindre parce que ceux-ci ne se vendant qu'en bouteilles et les timbres

étant posés par le fabricant, et devant accompagner les
boissons jusque sur la table du consommateur ou jusqu'à la frontière, la fraude serait impossible.

Voilà pour les vins et autres liquides en cercles, il
nous reste maintenant à faire connaître comment on
procèderait pour ceux en bouteilles. Ici, la chose est des
plus simples et des plus faciles. On ferait exactement
comme pour les liquides en fût, les timbres seraient
placés moitié sur le goulot de la bouteille et moitié sur
la capsule, ou bien ils seraient placés sur le bouchon
avec deux bandes fixées sur le goulot qui descendraient
une de chaque côté, afin qu'on ne puisse déboucher
les bouteilles sans les briser. Le timbre serait également
proportionnel à la valeur, c'est-à-dire à raison de tant
pour cent sur les prix nets, établis par le fabricant ou
par le propriétaire récoltant. Seulement ici, afin d'éviter
les dérangements et les oublis que la pose des timbres
au moment de l'expédition pourrait causer, il conviendrait qu'ils fussent placés par le fabricant au moment
même du conditionnement ordinaire sur tous les produits de sa fabrication, et comme il n'y aurait ici ni
coupages, ni mélanges à faire chez les divers intermédiaires où les boissons stationneraient, afin d'éviter une
main-d'œuvre inutile pour le renouvellement des timbres à chaque déplacement des objets, les timbres posés
par le fabricant seraient définitifs, ils accompagneraient
les objets sur lesquels ils seraient fixés jusque sur la
table du consommateur ou jusqu'à la frontière.

A part cette légère différence, la transmission des
droits se ferait exactement comme celle des boissons en
fûts, l'acheteur entrepositaire remettrait à son vendeur
des timbres de transmission, au moyen desquels ce
dernier ferait décharger son compte et prendre en charge
au compte de son acheteur. L'acheteur détaillant ou le
simple particulier remettrait au contraire au vendeur

des timbres d'acquit avec lesquels celui-ci ferait décharger son compte d'une quantité égale à celle représentée par ces timbres.

Et ce qui se pratiquerait pour les vins et les spiritueux en bouteilles, pourrait se faire pour tous les produits vendus en bouteilles, en flacons ou en paquets, tels que : eau de seltz, limonade et autres similaires, fleur d'oranger, tomates, truffes, légumes et viandes en conserve, articles dont il se fait une si grande consommation en France, et qui sont presque tous de consommation de luxe. Pourquoi ne pas les imposer à raison de 5 ou 10 pour cent sur les prix facturés par le fabricant.

Mais pas plus pour les uns que pour les autres de ces divers objets, pas plus pour ceux à imposer que pour ceux qui le sont déjà, nous ne voyons la nécessité de placer l'industriel et le négociant sous la tutelle omnipotente de la Régie. Le propriétaire de tout établissement doit être maître de diriger chez lui ses opérations comme il l'entend, comme bon lui semble, sans avoir de compte à rendre à qui que ce soit ; ce n'est que lors de la mise en circulation ou lorsqu'il les livre à la consommation qu'on aurait le droit d'intervenir au nom de la sécurité publique pour s'assurer qu'ils sont préparés dans les conditions voulues par l'hygiène, et au nom du fisc, pour surveiller s'ils sont revêtus du timbre prescrit par la loi.

Car ce qui rend l'impôt insupportable, c'est bien moins la quotité de droit exigée sur chaque objet, que l'assujettissement et l'espèce d'esclavage auquel les redevables sont astreints par le système actuel, suivant lequel la Régie règne en maîtresse dans les chais, dans les usines et dans les magasins où elle entrave et arrête les opérations, règlemente et retarde le travail, fait perdre du temps aux ouvriers, oblige le fabricant à opérer d'une manière, quand ses intérêts et le bon conditionnement des produits lui commandent d'opérer d'une autre, surprend et rend public ses procédés de fabrication, règle les heures et la marche du travail suivant ses caprices et son bon plaisir, et, en un mot, les traite en véritables esclaves.

N'est-ce pas là, pour celui dont les opérations sont des plus régulières, la situation la plus critique, la plus blessante pour son amour-propre, pour sa dignité, pour son indépendance, la plus nuisible à ses intérêts et la plus intolérable que celle d'être obligé de loger et de payer ces intraitables cerbères qui prennent plaisir à vous inquiéter, à vous vexer, à retarder vos opérations, à abîmer inutilement vos marchandises sans profit pour personne, en un mot, qui font tout ce qu'ils peuvent pour vous rendre la vie commune insupportable et dont vous êtes cependant obligés de subir et d'endurer non-seulement la présence, mais encore les insolences, sans aucun moyen, sans aucun espoir de pouvoir vous en séparer. Si vous allez vous plaindre à leur supérieur, vous en êtes mal accueilli, attendu que ceux-ci, comme l'intendant Golo, vous ont devancé auprès de celui-là, auquel ils ont insinué que vous êtes un fraudeur incorrigible et que pour déjouer vos combinaisons ils ont été obligés d'avoir recours à telle et telle mesure ; or, comme leur supérieur est plus disposé à ajouter foi à leurs assertions qu'aux vôtres, contre lesquelles il est toujours prévenu, au lieu d'obtenir justice et satisfaction, vous êtes éconduit plus ou moins poliment et condamné à ronger indéfiniment votre frein.

C'est principalement celui qui fait son possible pour marcher en règle qui est le plus inquiété, parce que celui qui se livre à la fraude, ayant tout à espérer des complaisances des employés, porte toute son attention à les prévenir en sa faveur, soit par les bonnes manières, par les pièces de cent sous, par les pièces de vingt francs ou par les billets de banque de cent francs au moyen desquels il a toujours quelques chances de les retenir d'un côté, pendant qu'il opère de l'autre, ou de s'en faire des auxiliaires passifs si ce n'est actifs qui, non-seulement ne le gênent pas dans ses opérations, mais le plus souvent les lui facilitent en le renseignant sur les agissements de l'administration et en l'avertissant du jour qu'on ira lui faire le recensement. Tandis que celui qui marche en règle n'ayant rien à attendre ni à espérer des employés ne fait rien pour leur être agréable ; au contraire, importuné par leur présence ou par leurs exigences démesurées, il se laisse aller à quelques inconvenances qui les irritent, les disposent mal en sa faveur, les poussent à redoubler d'exigence et de sévérité à son égard et par suite les excitent à rendre leur présence encore plus intolérable.

De même, au lieu d'exiger que le fabricant et l'entrepositaire aient des marchandises revêtues du timbre d'affranchissement pour la consommation et d'autres non timbrées pour l'exportation, ce qui les oblige : 1° d'avoir un stock double de marchandises en magasin ; 2° leur procure l'occasion de se livrer à la fraude et en même temps les expose à une foule d'erreurs, de méprises ou de mélanges d'objets affranchis avec ceux qui ne le sont pas ; tandis que si le fabricant était tenu de tout timbrer, il le ferait à mesure et en même temps que le conditionnement ordinaire, de manière que les erreurs ou les méprises seraient pour ainsi dire impossibles.

Lorsqu'il s'agirait d'exporter les objets recouverts de vignettes, il suffirait de faire délivrer par les vérificateurs de la douane qui font la reconnaissance des objets à la sortie, un certificat pour une quantité de timbres égale à celle qu'on aurait fait sortir. Ces certificats seraient renvoyés au fabricant ou vendus sur place comme cela se pratique actuellement pour les sucres, de cette manière le fabricant ne pouvant rien faire sortir de son usine sans être revêtu du timbre d'affranchissement et le négociant ne pouvant rien recevoir, l'impôt se percevrait sans formalités, sans entraves pour les opérations commerciales, sans porter atteinte à la liberté individuelle ; le détaillant aurait toutes ses marchandises à la consommation, pourrait les revendre, les livrer comme bon lui semblerait, sans aucun obstacle.

On chargerait la police de faire observer les prescriptions de la loi et d'en poursuivre les infractions, ce qu'elle pourrait faire sans presque se déranger de son service ordinaire puisqu'elle n'aurait, lors de la circulation des objets assujettis, qu'à observer par une inspection superficielle s'ils sont bien et dûment revêtus des timbres prescrits, et de temps à autre quelques inspecteurs ambulants étrangers au pays où ils exerceraient (les mêmes ne passeraient dans la même localité qu'à des intervalles assez éloignés, afin de ne pas être reconnus), se présenteraient dans les magasins comme acheteurs, y feraient de minimes emplettes, et pendant qu'on les servirait, ils observeraient si tous les articles mis en vente sont revêtus des timbres d'acquit comme pour tous les objets où il n'y a pas lieu de couper et de mélanger. Chez les intermédiaires les timbres seraient, ainsi que nous l'avons dit plus haut, posés par le fabricant, au moment même du conditionnement ordinaire, les oublis et les erreurs seraient, pour ainsi dire impossibles, même chez le fabricant, et elles le seraient encore moins chez les intermédiaires ; de même que la fraude est encore plus préjudiciable aux diverses branches de commerce dans lesquelles elle s'exerce, qu'elle ne l'est au Trésor lui-même, puisqu'elle place ceux qui marchent en règle dans des conditions tellement inégales que toute lutte, par des moyens réguliers, est matériellement impossible, et place ceux qui en sont victimes dans l'impossibilité de faire face à leurs engagements.

En l'état, n'ayant pas à craindre, comme par le système actuel, de frapper sur des innocents, on pourrait édicter des peines en rapport avec le préjudice causé tant au commerce qu'au fisc, et assez sévères pour enlever à ceux qui seraient surpris à faire la fraude toute envie de recommencer.

Comme pour les timbres de factures, on imposerait une amende égale à l'acheteur et au vendeur, mais double pour celui qui aurait fait circuler les objets sans être recouverts du timbre d'affranchissement.

Comme on le voit, au moyen de ce système, chacun pourrait faire soi-même ses opérations sans se déranger de ses affaires, sans sortir de chez lui, chacun pourrait disposer librement de ses produits sans avoir à attendre vingt-quatre heures après la prise en charge des boissons nouvellement venues, chacun pourrait commencer ses opérations à l'heure qui lui conviendrait sans avoir à attendre l'ouverture des bureaux de la régie et sans avoir à passer, à ces mêmes bureaux, une heure et demie à deux heures pour obtenir la moindre expédition ou pour attendre l'heure de l'enlèvement, enfin, chacun pourrait entrer et sortir de la ville sans avoir à stationner trois-quarts d'heure à une heure aux bureaux des barrières, à ceux de la gare ou du quai, sans avoir à débâcher ni à décharger sa voiture, sans avoir à déboucher ni à dépoter ses vases, et comme conséquence, faire disparaître toute trace d'authenticité, et par cela même, toute la valeur des objets lorsque ce sont des produits de marque, de même qu'on n'aurait pas à craindre d'arriver en retard à destination.

En un mot, il n'y aurait plus de ces procès-verbaux faits sans motifs ni de ces amendes exorbitantes imposées à des innocents, il n'y aurait plus de ces sorties non justi-

fiées, ni de ces acquits non déchargés qui sont presque
toujours le fait des employés de l'octroi ou de ceux de la
régie, et que les assujettis sont obligés de réparer le
plus souvent en payant des doubles, quadruples ou sex-
tuples droits, bien qu'ils aient fait le nécessaire pour
en être libérés. De son côté le débitant n'aurait plus à
payer trois ou quatre fois le droit de circulation sur les
mêmes boissons, ni à faire autant de voyages chez le
destinataire qu'il a de fois une ou deux bouteilles à
livrer, suivant qu'il convient à M. le directeur d'autori-
ser le transport sans expédition d'une ou deux bouteilles
à la fois, ce qui procurerait déjà un grand soulagement
aux assujettis et apporterait de grandes facilités à leurs
opérations journalières.

Mais l'essentiel, le principal, c'est qu'on serait à ja-
mais débarrassé de cette espèce d'inquisition qu'on ap-
pelle les recensements, lesquels, en outre du temps
énorme qu'ils font perdre tant pour suivre et assister les
employés, que par les écritures nombreuses qu'ils exi-
gent, sont un motif continuel d'humiliations et de dé-
couragement pour les assujettis qui, au moment où ils
y pensent le moins, au moment où ils sont le plus pres-
sés par les expéditions, sont obligés d'arrêter et de sus-
pendre le cours de leurs opérations pour se mettre à la
disposition d'adversaires prévenus et intéressés à forcer
ou à affaiblir leurs appréciations, afin de pouvoir cons-
tater quelques manquants ou quelques excédants, ce
qui leur est toujours facile dans ces espèces de labyrin-
thes où avec les meilleures dispositions il serait déjà
très difficile, pour ne pas dire impossible, d'obtenir un
résultat exact. Aussi chaque recensement est-il l'objet
pour les opérateurs de longs tâtonnements, de pénibles
discussions et de tiraillements successifs entre les employés et les redevables, et, pour ces derniers, un sujet
continuel de transes, de craintes et d'angoisses tant que

dure le recensement. Enfin, il n'y aurait plus de ces violations incessantes de domicile privé, de ces perquisitions révoltantes qui consistent à tout fouiller, depuis la cave jusqu'au grenier, depuis les plus petits meubles et les plus petits ustensiles jusqu'aux plus grands, jusqu'au matelas et au sommier des personnes alitées. On ne serait plus exposé à se voir privé de ses droits civils et politiques, tantôt parce qu'on se sera trompé à son préjudice, et tantôt parce que des préposés trop zélés, trop intéressés, malveillants, ou excités par le désir trop ardent d'obtenir de l'avancement, auront pris leurs désirs pour la réalité et auront affirmé des faits inexacts dont les victimes sont obligées de subir les conséquences.

Ce système nous semble résoudre de la manière la plus simple, la plus régulière et la plus pratique le problème tant désiré et si longtemps cherché de la suppression de la régie, sans apporter de trouble ni de dérangement dans notre système financier.

Nous croyons donc avoir fait disparaître le seul obstacle, la seule objection qui ait été faite à notre demande de suppression de la régie laquelle ne saurait à présent, nous en avons la certitude, rencontrer de résistance sérieuse. En conséquence, nous venons avec espoir et confiance soumettre ce mode de perception à l'appréciation des corps élus, de la presse et du public, desquels nous sollicitons l'attention, la bienveillance et le concours le plus dévoué pour mener à bonne fin la réforme la plus nécessaire, parce que c'est celle qui est le plus en contradiction avec les principes de justice, de liberté, d'égalité et de fraternité inscrits en tête de la Constitution. Elle est aussi la plus opportune, parce qu'elle ne saurait rencontrer de résistance dans le public ni dans aucune des deux Chambres. De même elle est la plus urgente parce qu'elle est appelée à faire disparaître les abus les plus nombreux et les plus monstrueux ; elle est en même temps celle dont les avantages seront palpables pour tous dès le lendemain de son application ; et en effet, aux masses qui ne peuvent actuellement s'approvisionner par quantité de 25 litres et au dessus, elle leur procurera une diminution de 15 centimes sur chaque litre de vin qu'elles consomment. Au commerce des boissons elle donnera la liberté et la prospérité en échange de l'esclavage et de la ruine dont ils sont menacés si le système actuel est maintenu. En conséquence nous avons lieu de croire et d'espérer que ce mode de perception recevra le meilleur accueil du public et des corps élus.

P. BRÉCHARD.

Marseille. — Impr. A. Thomas, rue de la Paix, 11.

www.ingramcontent.com/pod-product-compliance
Lightning Source LLC
Chambersburg PA
CBHW050459210326
41520CB00019B/6277